EIN DORLING-KINDERSLEY-BUCH

www.dk.com

Ungekürzte Lizenzausgabe als Sammelband
von Paletti, ein Imprint der Verlag Karl Müller GmbH, Köln 2003

Aus dem Englischen von Dieter Krumbach, Nürnberg

Originaltitel: Eye Openers®
Copyright © 1991, 1992 by Dorling Kindersley Limited, London
Copyright der deutschsprachigen Ausgabe © 2003 by Paletti,
ein Imprint der Verlag Karl Müller GmbH, Köln

Fotos: Philip Dowell, Michael Dunning, Dave King, Cyril Laubscher, Steve Shott, Jerry Young
Illustrationen: Martine Blaney, Jane Cradock-Watson, Dave Hopkins, Colin Woolf

ISBN: 3-89893-263-X

Druck und Bindung:
Mladinska Knjiga tiskarna d.d., Slowenien

Angela Royston

Tiere
Kindern erklärt

Dschungeltiere, Tiere im Zoo,
Tiere auf dem Bauernhof, Vögel,
Meerestiere und Kleingetier

INHALT

Dschungeltiere

Tiere im Zoo

Tiere auf dem Bauernhof

Vögel

Meerestiere

Kleingetier

Dschungeltiere

Affe

Dieser Affe lebt hoch oben in den Bäumen des Urwalds. Mit Händen, Füßen und seinem Schwanz klettert er über die Äste. Die Affenbabys werden von ihren Müttern auf dem Rücken getragen. Affen fressen Früchte, Insekten und Pflanzen.

Hand

Gesicht

Schwanz

9

Jaguar

Ohr

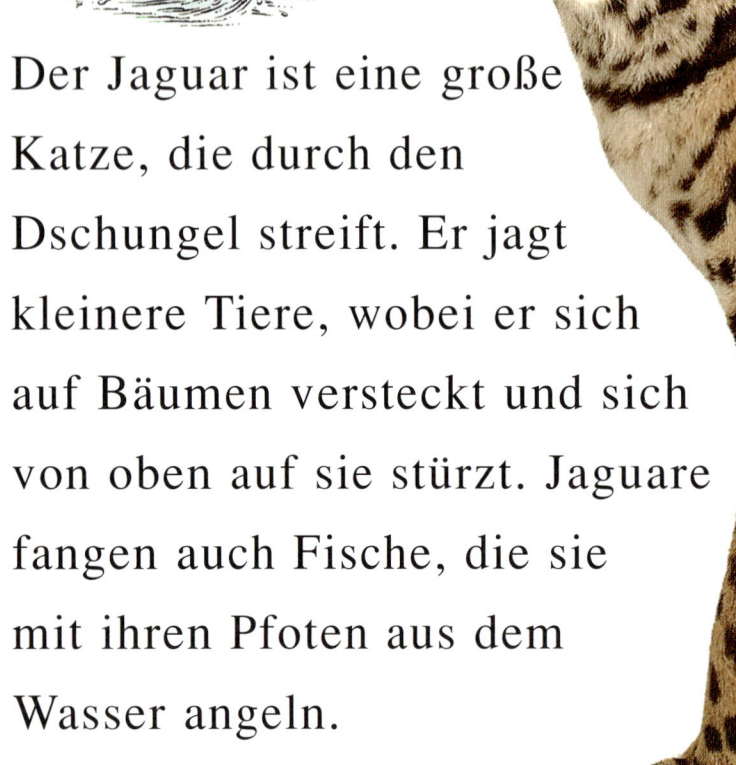

Der Jaguar ist eine große
Katze, die durch den
Dschungel streift. Er jagt
kleinere Tiere, wobei er sich
auf Bäumen versteckt und sich
von oben auf sie stürzt. Jaguare
fangen auch Fische, die sie
mit ihren Pfoten aus dem
Wasser angeln.

Reißzähne

Schwanz

Pfote

Baumfrosch

Bein

Dieser grüne Baumfrosch ist so winzig, dass er auf einem Finger Platz hätte. Er versteckt sich zwischen grünem Laub vor seinen Feinden. Baumfrösche haben klebrige Zehen. So können sie sich an Blätter oder Zweige hängen und auf Insekten warten, die sie fressen.

Auge

Zehen

13

Krokodil

Krokodile leben an Flüssen oder Sümpfen und verbringen viel Zeit im Wasser. Ihre mächtigen Schwänze helfen ihnen beim Schwimmen. Mit ihren Mäulern schnappen sie nach Fischen und anderen Tieren. Krokodilbabys schlüpfen aus Eiern.

Schwanz

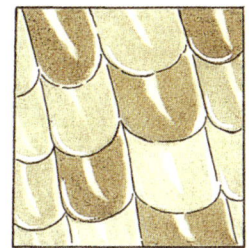

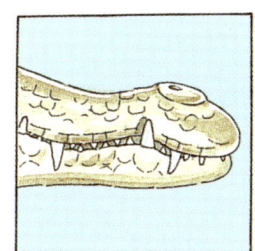

Schuppen Zähne

Auge

15

Orang-Utan

Der Orang-Utan ist ein großer
Menschenaffe mit langen
Armen. Damit kann er sich im
Wald von Ast zu Ast hangeln.
Orang-Utans leben von
Früchten und schlafen sehr
viel. Jede Nacht bauen
sie sich ein neues Nest
aus Zweigen und
Laub.

Arm

Hand

Tukan

Tukane leben in großen Schwärmen. Diese Vögel bauen ihre Nester hoch oben in Bäumen.

Schnabel

Mit ihren riesigen Schnäbeln picken
sie Beeren auf und verspeisen große
saftige Früchte.

Leguan

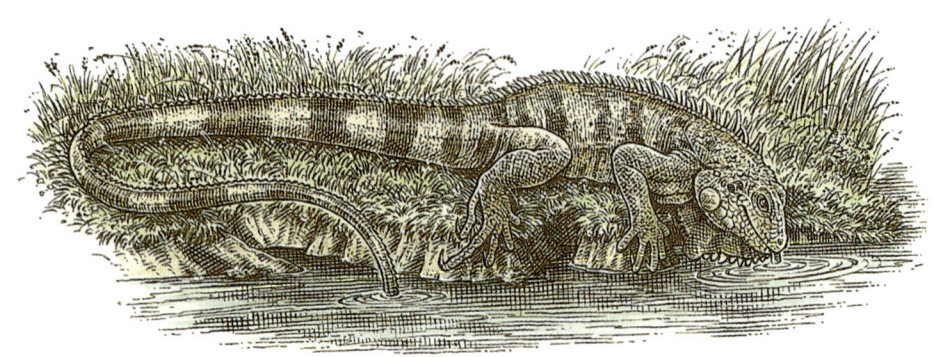

Der Leguan ist eine große Echse mit einer dicken Schuppenhaut. Leguane ernähren sich von Blättern, Blüten und Samen. Sie können auch gut schwimmen und klettern. Jeden Morgen klettern sie in die Baum-kronen, um ein Sonnenbad zu nehmen.

Kamm

Schwanz

Maul

Klaue

Faultier

Faultiere hängen fast den ganzen Tag mit dem Kopf nach unten. Sie klettern auf Bäume, können aber nicht laufen. Faultiere sind sehr langsam und hangeln sich mit ihren langen Klauen an Ästen entlang. Sie fressen Blätter und Knospen. Die Mütter tragen ihre Babys auf dem Bauch.

Bein

Arm

Nase

Klauen

23

Tiere im Zoo

Elefant

Elefanten sind riesengroße Tiere. Ihre langen Nasen werden Rüssel genannt. Damit pflücken sie ihre Nahrung, Zweige mit Laub, von Büschen. Sie trinken auch mit ihrem Rüssel, indem sie damit Wasser aufsaugen und in ihr Maul spritzen.

Stoßzahn

Ohr

26 Rüssel

Schwanz

Kamel

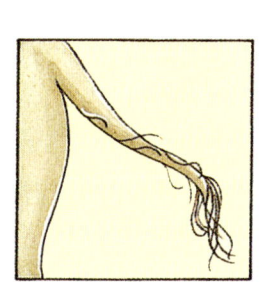

Kamele leben in heißen, trockenen Wüsten. Sie können Menschen oder Lasten über weite Entfernungen tragen. Ein Kamel kommt viele Tage ohne zu fressen und zu trinken aus, denn es lagert in seinem Höcker Vorräte an.

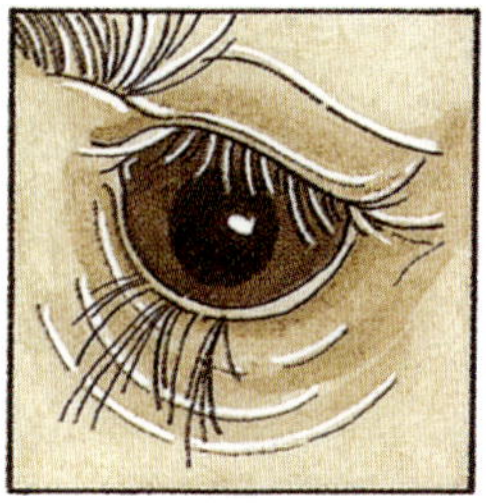

Auge

Schwanz

Höcker

Fuß

29

Affe

Affen leben hoch oben in Bäumen. Sie können gut klettern und schwingen sich mit ihren starken Armen von Ast zu Ast. Affen leben von Früchten, Pflanzen, Vogeleiern und Insekten. Stundenlang können sie sich gegenseitig kraulen.

Schwanz

Ohr

Maul

Hand

Zebra

Wilde Zebras leben in
heißen Savannen. Sie
sind leicht an ihrem
schwarzweiß gestreiften
Fell zu erkennen. Damit
können sie sich vor
ihren Fressfeinden,
den hungrigen Löwen,
tarnen.

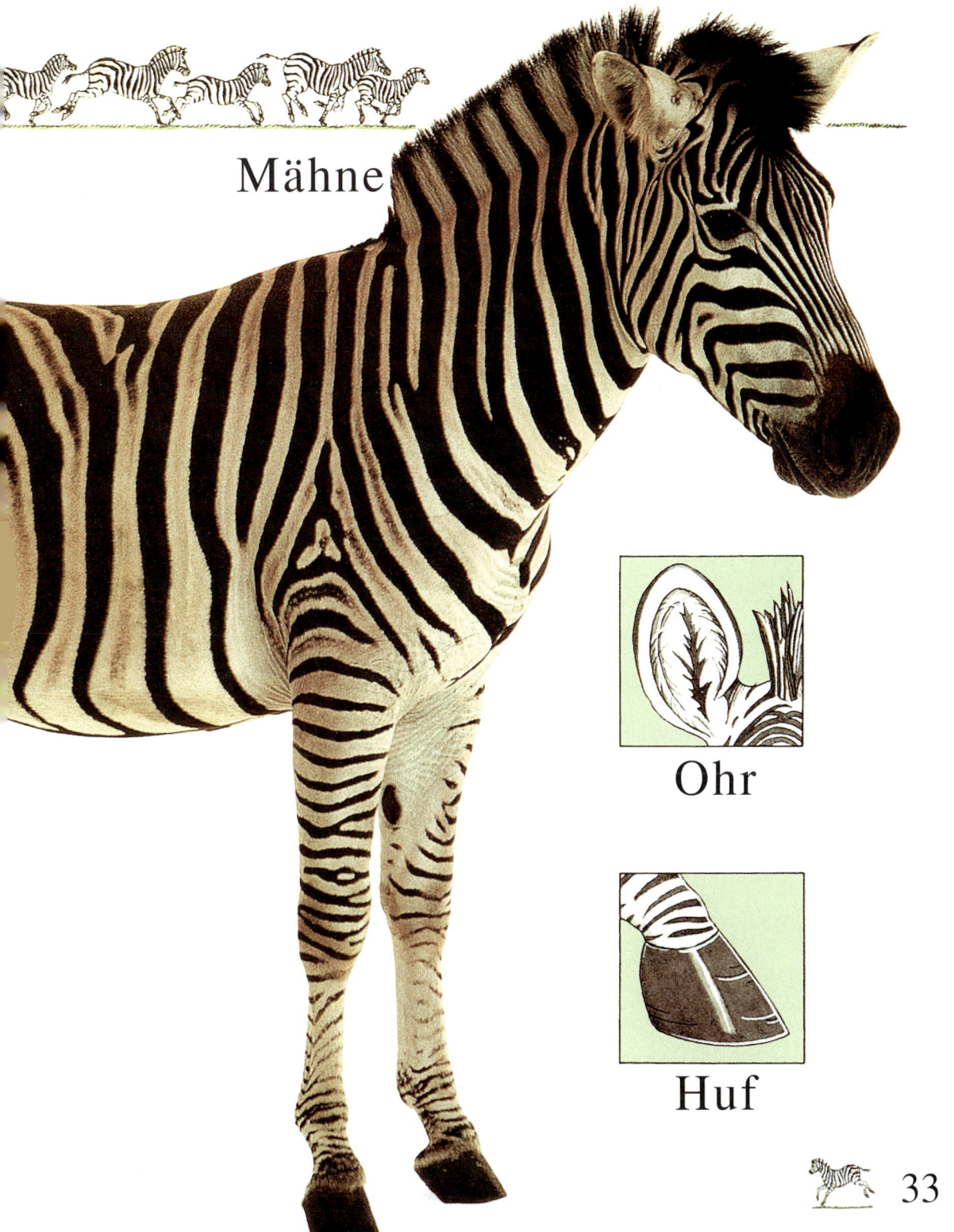

Mähne

Ohr

Huf

33

Papagei

Die meisten Papageien
haben knallig bunte Federn.
Sie machen viel Lärm und
leben in Bäumen. Mit
ihren kräftigen Schnäbeln
können sie Nüsse und
Samen aufbrechen.

34

Flügel

Schnabel

Federn

Schwanz

35

Tiger

Tigerbaby

Dieses Tigerjunge wird einmal eine große wilde Raubkatze. Tiger verbringen den Tag schlafend in dichtem Gras und gehen nachts auf die Jagd.

Pranke

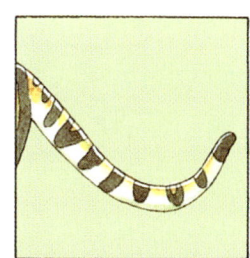

Fänge   Schwanz

Schlange

Schlangen haben keine Beine. Sie schlängeln sich mit ihrem Körper, der mit weichen Schuppen bedeckt ist, vorwärts. Die meisten Schlangen leben auf dem Boden, doch können sie auch auf Bäume klettern, indem sie sich um Zweige winden. Manche Arten können auch gut schwimmen.

Schuppen   Zunge

Pinguin

Wilde Pinguine leben in
eiskalten Ländern. Diese
Vögel können nicht fliegen,
dafür aber sehr schnell
schwimmen. Sie benutzen
dazu ihre kurzen Flügel als
Paddel. Pinguine tauchen im
Meer, um Fische zu fangen.

Schnabel

Fuß

Flügel

41

Tiere auf dem Bauernhof

Kuh

Hörner

"Muuuh"

Bauern melken ihre Kühe jeden Tag, sodass wir immer frische Milch haben. Ein Kuhbaby wird Kalb genannt. Es saugt Milch am Euter seiner Mutter. Kühe werden auf Weiden gehalten, wo sie viel Gras fressen.

Kuh

Kalb

45

Schaf

Mutterschafe
bekommen im
Frühling ihre
Jungen, die Lämmer.
Im Frühsommer scheren
die Schäfer ihre Schafe.
Ihr Winterfell wird dann
zu Wolle versponnen.

Mutterschaf

46

"Bäääh"

Schwanz

Lamm

Huhn

Eine Henne legt ihre Eier und hockt sich dann darauf, um sie auszubrüten. Nach drei Wochen schlüpfen flauschige gelbe Küken aus den Eiern. Die Henne bringt ihren Küken bei, auf dem Boden nach Futter zu picken.

"Kikeriki"

48

Küken

Henne

49

Schwein

Ein Mutter-
schwein wird
Sau genannt.
Sie bekommt
ungefähr 14 winzige Ferkel auf
einmal. Die meisten Schweine
werden im Stall gehalten,
doch leben
auch manche
auf der Weide.
Wenn es ihnen zu heiß
wird, suhlen sie sich
im Schlamm,
um sich
abzukühlen.

Sau

50 "Quiek, quiek"

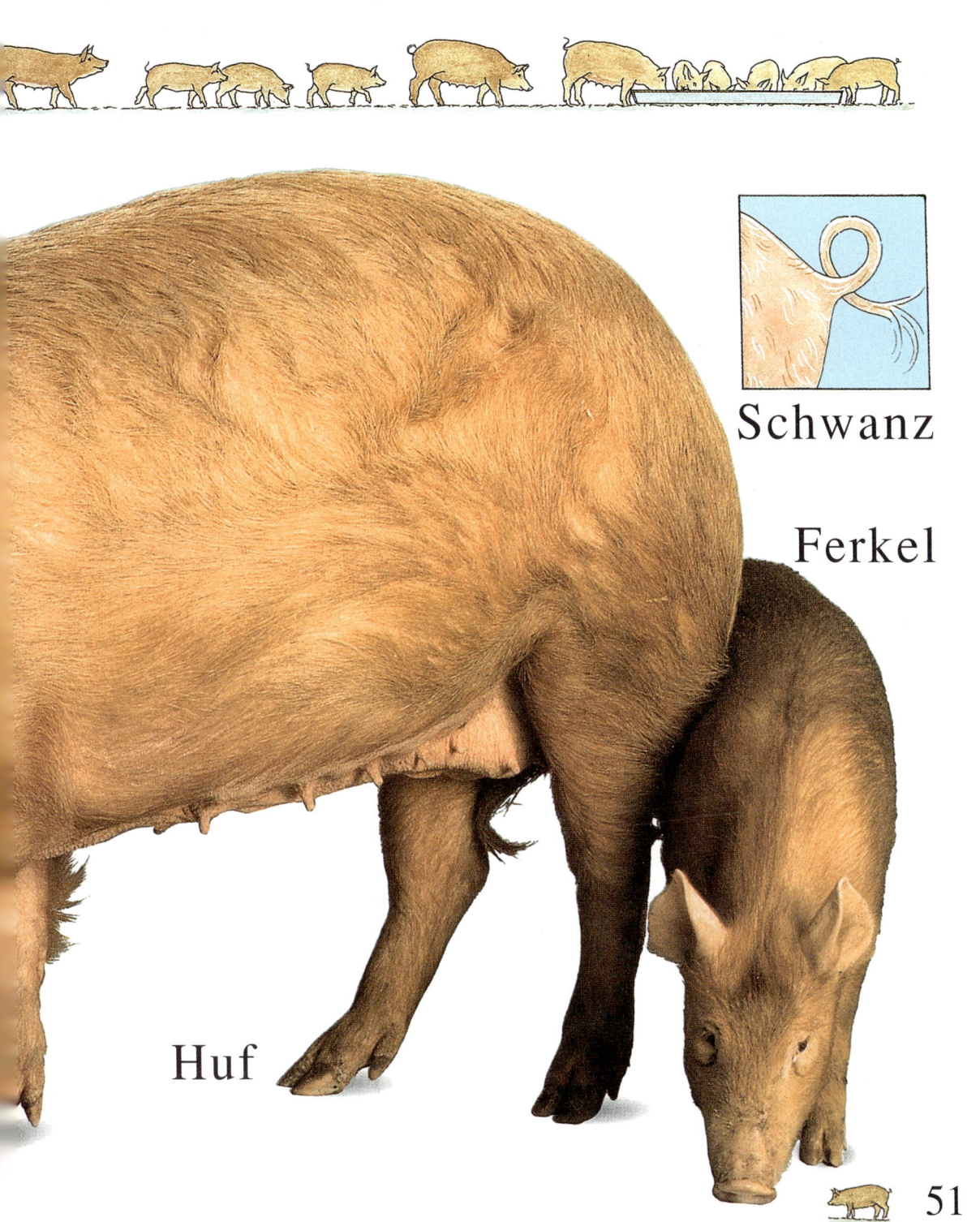

Schwanz

Ferkel

Huf

51

Pferd

Einige Bauern haben Pferde, um Karren und Ackerma-schinen zu ziehen. Andere halten Reitpferde. Ein Pferd bekommt Hufeisen, um seine Hufe zu schützen. Der Hufschmied nagelt sie an, doch das tut dem Pferd nicht weh.

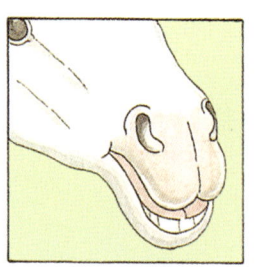

Wiehern

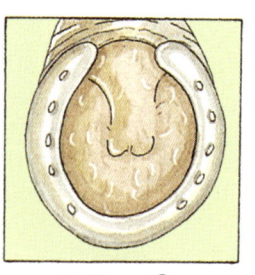

Huf

Schwanz

Bein

53

Ente

Ente leben meistens an Teichen auf dem Bauernhof oder an Flüssen, wo sie im Wasser nach Futter suchen. Enten fressen Würmer, Wasserpflanzen und Samen. Im Frühjahr bekommen sie ihre Küken.

Entchen

Ente

Fuß

"Quack, quack"

Schwanz

55

Ziege

Eine Ziegenmutter wird auch
Geiß genannt. Bauern mel-
ken ihre Ziegen und machen
aus der Milch Ziegenkäse.
Die kleinen Ziegen, die
Zicklein, schubsen und
jagen sich im Spiel gegenseitig über die Wiesen.

Zicklein

Ziegenmutter

Bart

"Määh, määh"

Euter

57

Hirtenhund

Hirtenhunde haben eine schwere Arbeit zu tun. Sie helfen dem Schäfer, die Schafe zusammen zu halten. Sie müssen lernen, auf bestimmte Zurufe und Zeichen mit der Pfeife zu achten.

Ohr

Schwanz

Pfote

"Wau, wau"

Vögel

Spatz

Spatzen oder Sperlinge bauen ihre
Nester an Häusern. Die Mutter legt
ihre Eier und brütet sie dann
aus. Nach zwei Wochen schlüpfen
die Jungen. Spatzen picken meist
Pflanzensamen auf, doch fressen sie auch Reste, die andere Vögel und Men-
schen übrig ließen.

Bein

Auge

Bauch

Klaue

63

Ente

Enten schwimmen gern auf
Seen und Teichen. Mit ihren
Schwimmfüßen können sie
sich wie Paddelboote
fortbewegen. Enten tauchen

Schwanz

ins Wasser, um nach Schecken,
Würmen, Wasserpflanzen und
Samen zu suchen.

Schnabel

Fuß

65

Adler

Dieser Adler baut sein Nest hoch oben in den Bergen. Mit seinen gewaltigen Flügeln gleitet er durch die Luft, um kleine Tiere zu jagen. Wenn er eins erspäht hat, stürzt er sich hinunter, packt seine Beute und trägt sie in seinen scharfen Klauen fort.

Flügel

Kopf

Klaue

Papagei

Diese lärmenden Papageien leben in großen Schwärmen. Mit ihren Schnäbeln kraulen sie sich gegenseitig das Federkleid. Papageien leben von Früchten und saugen süßen Nektar aus Urwaldblüten.

Kopf

Federn

Schnabel

69

Kiwi

Kiwis haben so kleine Flügel,
dass sie nicht fliegen können. Sie
bauen daher ihre Nester am Boden
zwischen Baumwurzeln oder Felsen.
Nachts kommen sie aus ihren Höhlen-
nestern, um nach Futter zu suchen.
Mit ihren langen Schnäbeln können Kiwis
Larven und Würmer ausgraben, die sie fressen.

Kopf

Bein

Schnurrhaare

Schnabel

Flamingo

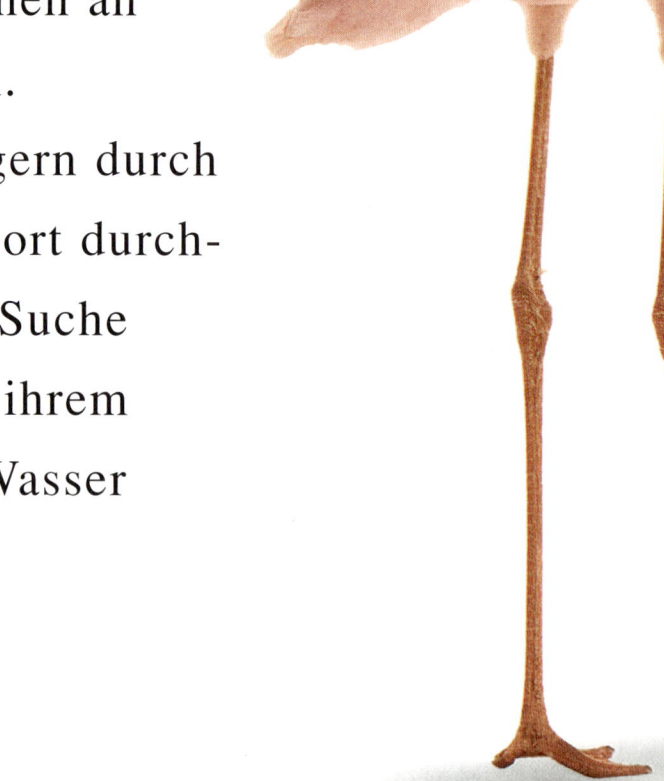

Diese riesigen Vögel leben
in großen Schwärmen an
Seen und Sümpfen.
Flamingos waten gern durch
seichtes Wasser. Dort durch-
sieben sie auf der Suche
nach Nahrung mit ihrem
großen Schnabel Wasser
und Schlamm.

Flügel

Hals

Schnabel

Fuß mit Schwimmhäuten

Kolibri

Kolibris sind winzig klein und schlagen so schnell mit ihren Flügeln, dass dabei ein Summen entsteht. Sie können in der Luft schweben, während sie in Blumen nach Nahrung suchen.

74

Schnabel

Flügel

Krallen

75

Eule

Diese Eulen jagen nachts, denn sie können in der Dunkelheit sehr gut sehen und hören. Während sie durch den Wald fliegen, suchen sie Insekten. Haben sie eines gefunden, stoßen sie hinunter und fangen ihre Beute mit ihren scharfen Krallen.

Auge

Krallen

Schwanz

77

Meerestiere

Delfin

Delfine sind Meeressäugetiere.
Sie sind schlau und sehr
verspielt. Delfine
können schnell
schwimmen und
manchmal machen sie
hohe Sprünge in die Luft.
Da sie Säugetiere sind, müssen
sie immer wieder auf-
tauchen, um zu
atmen. Dazu
haben sie oben
auf ihrem Kopf
ein Nasenloch.

Flosse

Zähne

Rücken-
flosse

Schwanz

Krebs

Krebse leben an Land und im Wasser. Sie verstecken sich in Felsformationen oder graben sich in den Sand ein. Krebse haben eine harte Schale, um sich zu schützen. Mit ihren acht Beinen laufen sie immer seitlich. Sie haben große Scheren, um Schalentiere und andere Nahrung zu erbeuten.

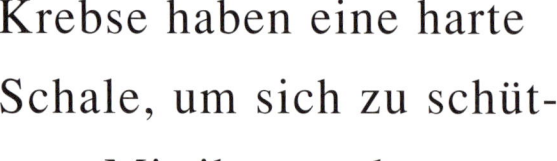

Beine

Schere

Clownfisch

Clown- oder Anemonen-
fische leben an Korallenriffen,
wo sie sich in den Tentakeln
eines anderen Tieres, der
Seeanemone, verstecken.
Sie Seeanemone sticht
die Feinde der Clownfische.
Als Gegenleistung darf sie Futter fressen,
das die Clownfische fallen lassen.

Koralle

Schuppen

Flosse

85

Möwe

Möwenschwärme fliegen oder gleiten an den Meeresküsten entlang und machen dabei viel Geschrei. Manchmal fliegen sie hinter Schiffen her und tauchen nach essbaren Abfällen. Möwen legen ihre Eier in Nester aus Gras, Zweigen und Seetang.

Federn

Schnabel

Bein

Fuß

87

Seelöwe

Seelöwen leben in und am Meer. Mit ihren geschmeidigen Körpern und den großen Vorderflossen können sie sehr schnell schwimmen. An Land dagegen sind sie schwerfällig. Sie wuchten sich unbeholfen mit ihren vier Flossen vorwärts. Sie fressen Fische und Tintenfische.

Auge

Flosse

Nase

89

Hai

Dieser kleine Hornhai hat einen großen Kopf und eine flache Nase. Er frisst Schalentiere, Krebse und andere Meerestiere, indem er sie mit seinen starken Zähnen zermalmt. Haie besitzen einen guten Geruchssinn, was ihnen die Jagd erleichtert.

Flosse

Kopf

Maul

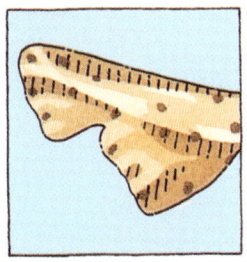

Schwanz

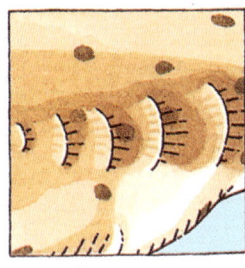

Kiemen

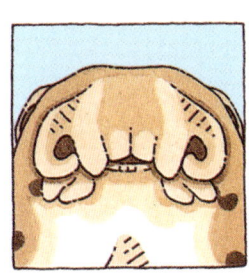

Nase

91

Seestern

Die meisten Seesterne haben fünf Arme. Deren Unterseite ist mit starken Saugfüßen bedeckt, mit denen sie sich über den Meeresboden bewegen und Schalentiere auseinander reißen. Der Seestern hat keinen Kopf, aber ein Maul mitten auf der Unterseite.

Arm

Maul

Saugfüße

93

Seepferdchen

Kopf

Diese Fische heißen Seepferdchen, weil ihr Kopf an ein Pferd erinnert. Seepferdchen schwimmen "im Stehen", wobei sie sich durchs Wasser treiben lassen. Zum Ausruhen schlingen sie ihren Schwanz um eine Meerespflanze.

Wirbel

94

Maul

Koralle

Schwanz

95

Kleingetier

Schnecke

Eine Schnecke kriecht sehr langsam, indem sie auf ihrer schleimigen Unterseite rutscht. Viele Arten haben auf dem Rücken ein Schneckenhaus, in das sie sich bei Gefahr zurück- ziehen. Die Fühler am Kopf helfen der Schnecke, Pflanzen zu finden, die sie gerne frisst.

Fühler

Schneckenhaus

Augen

99

Spinne

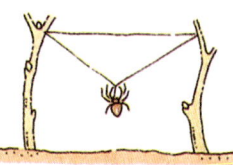

In ihrem Körper spinnt die
Spinne einen Seidenfaden, mit dem
sie ein klebriges Netz zwischen Pflanzen
baut. Dann wartet sie so lange, bis sich
eine Fliege in ihrem Netz verfängt.
Nun kommt die Spinne schnell
herbei und wickelt ihre
Beute in einen langen Faden ein,
um sie später zu fressen.

Bein

Fuß

Fühler

Schmetterling

Schmetterlinge fliegen zu ihren Lieblingsblumen, um an deren Blättern Eier abzulegen. Aus den Eiern schlüpfen Raupen, die die Blätter anfressen und dabei groß und rund werden. Im Herbst verpuppen sich die Raupen und im nächsten Jahr entwickelt sich aus einer Puppe ein neuer Schmetterling.

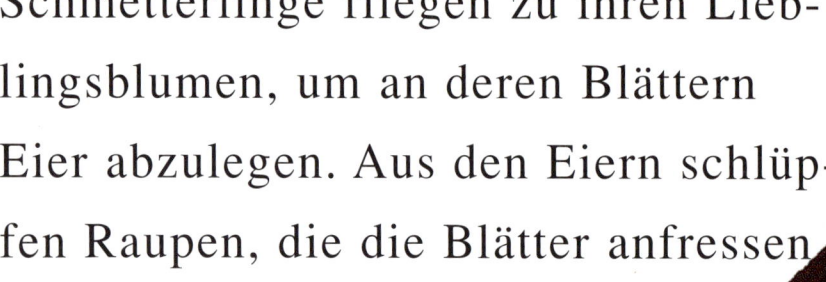

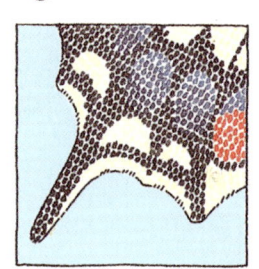

Schuppen

Kopf

Flügel

103

Hummel

Hummeln leben in Nestern meist am Erdboden. Sie sorgen sehr fleißig für ihre Königin. Sie saugen Nektar aus Blüten und sammeln auf ihrem pelzigen Körper Blütenpollen.

Den Pollen bringen sie ins Nest, um dort die Königin und die jungen Hummeln zu füttern.

Bein

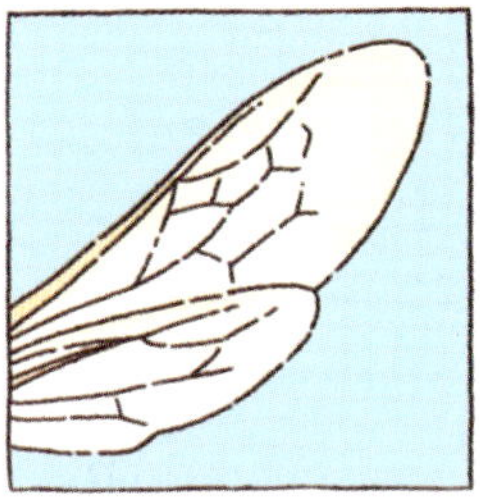

Flügel

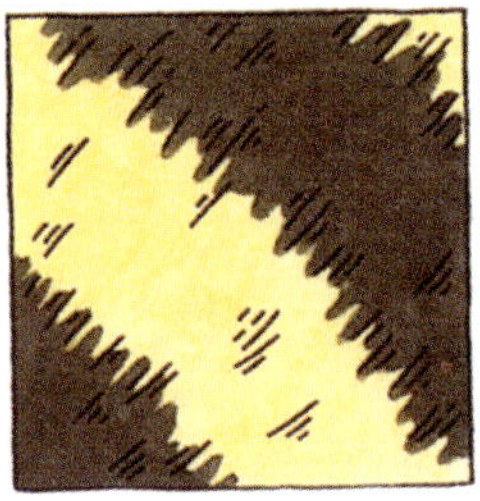

Streifenmuster

105

Heuschrecke

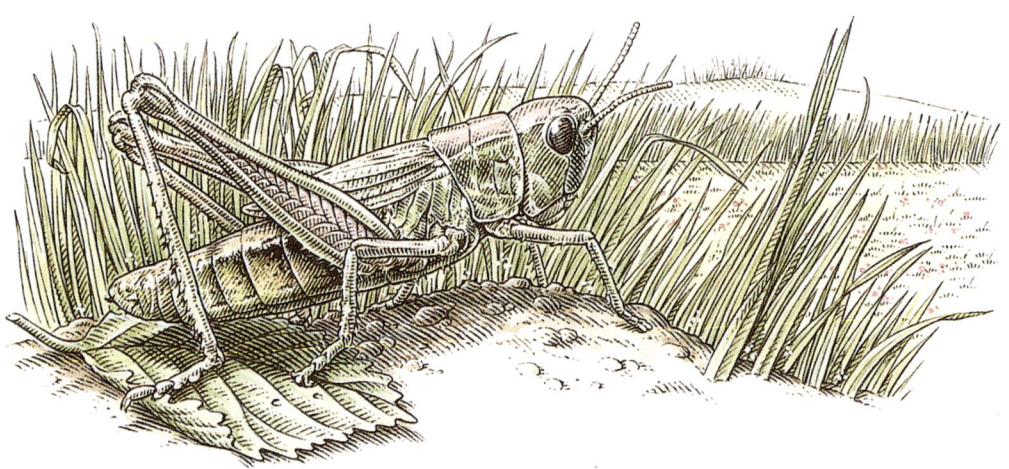

Heuschrecken leben in Wiesen.
Durch die grüne Farbe
sind sie getarnt. Sie besitzen
starke Hinterbeine, mit denen
sie weit hüpfen können.
Bei Gefahr springt
die Heuschrecke hoch,
öffnet ihre Flügel und
fliegt davon.

Kiefer

Hinterbein

Flügel

Ameise

Waldameisen leben in großen Ameisenhaufen am Erdboden. Jede Ameise hat ihre eigene Aufgabe. Einige kümmern sich um die Eier und halten das Nest sauber, andere suchen im Wald nach Futter. Sie töten Insekten und füttern damit die jungen Ameisen im Nest.

Bein

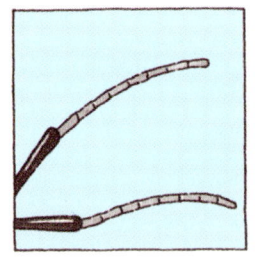

Fühler

Kopf

Kiefer

Marienkäfer

Marienkäfer haben wunderschöne Deckflügel mit Punkten. Ihre Warnfarbe soll Vögeln zeigen, dass sie gar nicht gut schmecken! Marienkäfer ernähren sich von Läusen. Wenn der Käfer wegfliegen will, öffnet er seine Deckflügel und breitet seine Hautflügel darunter aus.

Deckflügel

Bein

Hautflügel

111

Libelle

Libellen leben an Teichen und Bächen. Blitzschnell fliegen sie mit ihren vier Flügeln durch die Luft. Libellen haben große Augen, mit denen sie andere Insekten schnell bemerken und die sie dann im Flug schnappen. Dann setzen sie sich zum Fressen auf ein Blatt.

Bein

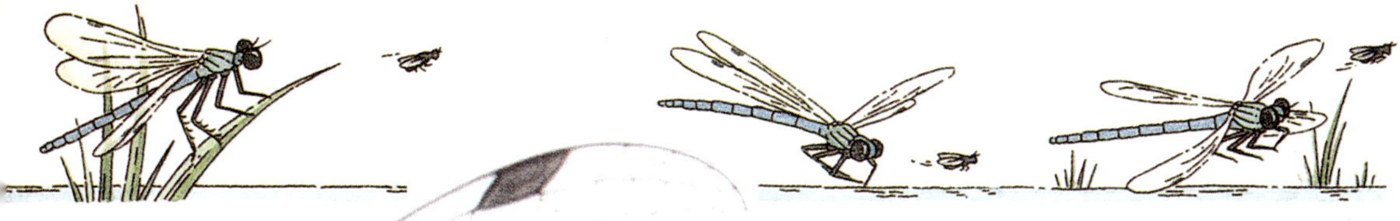

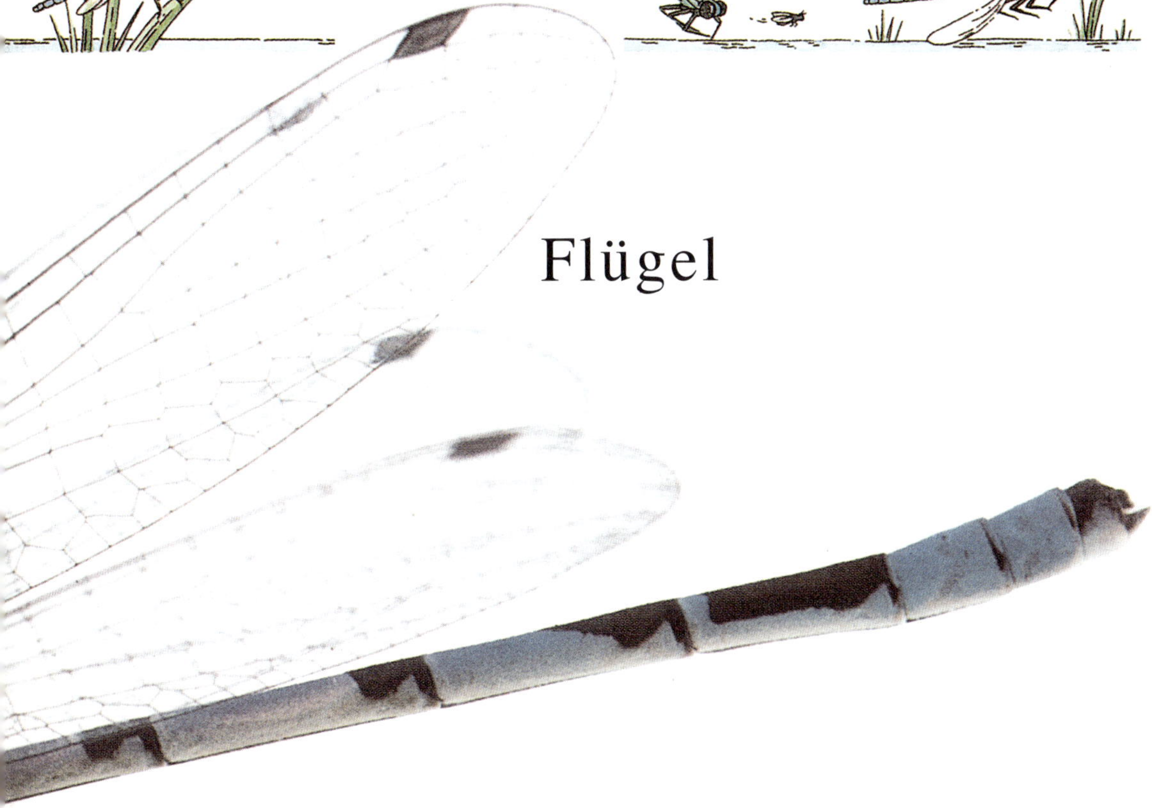

Flügel

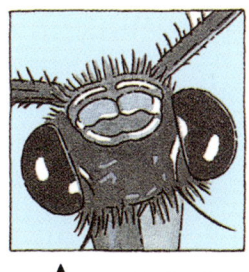

Augen

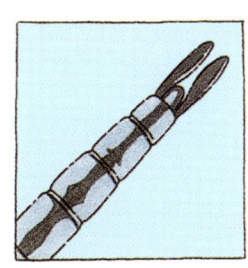

Schwanz

113